HOMERICA

HOMERICA

Phoebe Giannisi

*Translated from the Modern Greek
by* Brian Sneeden

WORLD POETRY BOOKS

World Poetry Books
Storrs, CT 06269
www.worldpoetrybooks.com
Copyright © 2009 by Kedros
English translation copyright © 2017 by Brian Sneeden
All rights reserved
First English-language edition
Original title in Greek: *Ομηρικά*
Library of Congress Cataloging-in-Publication Data
Names: Giannisi, Phoebe, author; Sneeden, Brian, translator
Title: Homerica / Phoebe Giannisi.
Description: Storrs, Connecticut : World Poetry Books, [2017]
Identifiers: LCCN 2017958188
    ISBN 978-0-9992613-0-9
Published in the United States of America
2 4 6 8 10 9 7 5 3 1
Cover designed by Kyle G. Hunter

CONTENTS

(*Prelude*)	9
(*Episode I*)	13
(*Nostos I*)	19
(*Nostos II*)	21
(*Lotus-eaters I*)	23
(*Nostos III*)	25
(*Ithaka I*)	31
(*Lotus-eaters II*)	33
(*Nobody I*)	35
(*Achilles*)	41
(*Leukothea*)	47
(*Thetis*)	51
(*Penelope I*–am addicted to you)	55
(*Sirens I*)	59
(*Circe I*)	61
(*Peleus*)	65
(*Penelope II*)	69
(*Phaeakia*)	71
(*Ithaka II*)	75
(*Circe II*)	77

(Nekyia I)	81
(Sirens II)	85
(The Ravenous)	89
(Episode III)	91
(Nostos V)	95
(Penelope III)	97
(Nostos VI)	99
(Episode IV)	101
(Nostos VII)	103
(Gift or Patroklos I)	105
(Penelope IV)	109
(Patroklos II)	111
(Aphrodite)	113
(Orpheus)	117
(Nausicaa I)	121
(Nausicaa II)	125
(Penelope V)	127
(Hermes)	129
(Eurydice)	133
(Nobody II)	137
(Exodus)	143
Acknowledgments	144

terrible fly
you connect excrement
with the face

(*Προοίμιο*)

μία πέτρα στον βυθό άσπρη
σειρές από γαλάζια χαλίκια το μούτρο
πάνω τους μες στο νερό
η αναπήδηση της βάρκας στα κύματα
πάνω στα κύματα ταχύτητα του αέρα η ώθηση
πετάμε
ένα μοναχικός γλάρος στην ξέρα
συνέλευση γλάρων οι γλάροι κρώζουν ασταμάτητα
κατά περιόδους
σιωπούν
όπως τα τζιτζίκια
ο ασταμάτητος βόμβος τους απότομα παύει την ώρα
της μεγαλύτερης αιθρίας της ζέστης του μεσημεριού
με το αυτοκίνητο ο βόμβος των τζιτζικιών πιο συχνός
πιο συνεχής
πιο γρήγορος
τα ξέχασες όλα
δεν μπορείς να θυμηθείς
το πώς
αρχίζεις να ξεχνάς το τι
Ας ήτανε το πώς μία επανάληψη του τι
η λήθη των στιγμών για σένα φάρμακο
ενάντια

(*Prelude*)

a stone on the seafloor white
rows of blue pebbles the face
above them in the water
the bobbing of the boat on the waves
the speed over the waves thrust of wind
we are flying
a lone seagull on a reef
a congregation of seagulls
endlessly cawing will
from time to time
grow silent
like cicadas
whose incessant drone cuts off
at the moment of calm in midday heat
when from inside a car the drone repeats
faster
and you have forgotten everything
you cannot remember
the *how*
and now you're forgetting the *what*
If only how was the recurrence of what
forgetting the moment is for you a medicine
against

στου αμετάκλητου την λύπη
με καλυμμένο το κεφάλι σε τόπο αχαρτογράφητο
ακούς του εαυτού σου τον τραγουδιστή
λέξεις του Κανενός
δαήμονος ανδρός περιπλανήσεις
αέρα θάλασσα λάθη ανεπίστρεπτα δώρα
να αριθμεί
ξέρεις καλά ότι η σειρά των τι είναι εαυτός
αλλά άραγε να έμαθες πως η σειρά των πώς
είναι ο άνεμος;

the finality of sorrow
an unchartered place where your head is covered
you hear the singer of yourself
words of Nobody
journeyman wanderings
air sea mistakes irreversible gifts
counting
you know well that self is a series of events
but have you learned yet that series of *hows*
is the wind?

(*Απόλογοι Ι*)

> τί πρῶτόν τοι ἔπειτα, τί δ᾽ ὑστάτιον καταλέξω;
> *Οδύσσεια*, 9, 14

μία πέτρα στον βυθό άσπρη
η μούρη μες στα χαλίκια της θάλασσας ο αφρός στο στόμα
η άμμος στο παπούτσι το πόδι
τα πεύκα στην άμμο το αυτοκίνητο στην σκιά
ο ξένος στην παραλία κοιμάται στα πεύκα ήρθε από μακριά
διέσχισε ηπείρους διέσχισε πόντους
χαλίκια άμμος βόλτες και λόγια
ένας παππούς μιλά για το εγγόνι μαζεύει κογχύλια
η σκάλα παρατηρητήριο μυρωδιά φαγητού
τα προηγούμενα πλοία βραδινό μαγειρεύουν
στο φως της σελήνης
μέσα στην νύχτα έφθασαν μέσα στην νύχτα
ανέβηκαν τον λόφο
χωρίς ονόματα
– αν και ο Κανείς τα πάντα ονομάζει
τον εαυτό του την λάθος ώρα
ή μήπως ήταν ο καιρός –
μεσημέρι ο βόμβος των εντόμων
μεσημέρι η καρδιά μέσα στα χέρια
μεσημέρι μόλις που σε αγγίζει
δίπλα στον κισσό κάτω η θάλασσα αχνίζει

(Episode I)

> ...what shall I tell you first, what second, and what last?
> *The Odyssey*, 9, 14

a stone on the seafloor white
the face in the pebbles of the sea foam in the mouth
sand in the shoe the foot
and the pines in the sand the car in the shade
the stranger is sleeping on the beach by the pines he came from far away
he crossed continents he crossed seas
pebbles sand strolls and words
a grandfather talks about his grandson gathers seashells
from the stairwell the observatory scent of food
in the early boats they're already cooking dinner
in moonlight
in the middle of the night they arrived in the middle of the night
and climbed the hill
nameless
– although Nobody names everything
himself the wrong moment
or was it time –
noon the drone of insects
noon the heart in the hands
noon just barely touching you
next to the ivy down there the sea is steaming

στο κατάστρωμα μέρα οι γλάροι
πετούν έρχονται μέσα από χέρια αρπάζουν
και φεύγουν
στο κατάστρωμα νύχτα καθίσματα σειρά βουητό
ο ένας πάνω στον άλλο
ταξίδια χιόνια ναοί αρχαίοι ήλιος αέρας βροχές
γυμνοί ντυμένοι
Βάσσες Αίγινα Σούνιο
Ηραίο Αφαία Ακρόπολη Ηφαίστειο Καρθαία Πήλιο
Πήλιο Περαχώρα Καρθαία
Ανάβυσσος Ισθμός Σηπιάς Πτώον Καρθαία
ναός Δήμητρας ναός Αρτέμιδος
ναός Απόλλωνα ναός Αθηνάς
ναός Ήρας ναός Ποσειδώνα
Βραυρώνα στο ιερό μία μεγάλη χελώνα
νύχτα κατάρτια στο αυτοκίνητο
το βουητό της θάλασσας
κάτω στα βράχια στην άμμο πάνω στα βράχια
Σαλαμίνα άσκηση μνήμης άσκηση θανάτου
στη βάρκα Τρίκερι στη βάρκα Παγασητικός
Ανάβυσσος
στη βάρκα Αιγαίο στη βάρκα Αγία Κυριακή
στη βάρκα Μικρό
Πλατανιάς εθνική οδός
θάλασσα ήσυχη ζέστη ένας κουτσός γλάρος πίνει νερό
πάνω στο δέντρο ξαπλωμένοι
στα σχίνα
στην μικρή ελιά
στο αυτοκίνητο

on deck in the daytime seagulls
fly near enough to steal from our hands
and go
on deck at night the row of chairs humming
one on top of the other
wanderings temples ancients snows sun rains wind
naked dressed
Bassae Aegina Sounion
Heraion Aphaia Acropolis Haephaestion Karthaia Pelion
Pelion Perachora Karthaia
Anavyssos Isthmus Sepias Ptoion Karthaia
temple of Demeter temple of Artemis
temple of Apollo temple of Athena
temple of Hera temple of Poseidon
Vrauron at the sanctuary with the giant turtle
night the masts on the car
the hum of the sea
beneath the rocks on the sand covering the rocks
Salamina an exercise for memory an exercise for death
on the boat Trikeri on the boat Pagasitikos
Anavyssos
on the boat Aegean on the boat Saint Kyriaki
on the boat Mikro
Platanias national highway
calm hot sea a limping seagull drinking water
us leaning against the tree
beside the weeds
beside the small olive tree
beside the car

δειλινό από ψηλά το πέλαγος
μουσική στα μεγάφωνα
στην παραλία
το κύμα έχει ξεβράσει μία τσάντα
πέτρινο εκκλησάκι
φωτογραφία γιορτής μέσα στα τάματα
νύχτα απέναντι νησιά και φώτα εθνική οδός
βαδίζουν πέρα-δώθε στα ξερά φύκια βαδίζουν
πέρα-δώθε
στην άμμο
ο ένας απέναντι στον άλλο ορθοί
ακόμα και πάλι ξανά και ξανά
ακόμα και όταν ο σκοπός γίνεται τέλος
η αιθρία των άστρων σε κυνηγά
η επαναλαμβανόμενη των άστρων αιθρία

at nightfall looking down at the sea
music over the loudspeakers
down at the beach
a wave has washed up a woman's purse
stone chapel
among the offerings a photograph of a celebration
night the islands across and lights off the highway
trudging back and forth in seaweed trudging
back and forth
in the sand
each keeping the other upright
again and again over and over
even when the goal is the end
the cleanness of the stars haunts you
their repeating shine

(*Νόστος Ι*)

για την μαμά

– μπορεί κανείς να ζει με την ανάμνηση;
– μπορεί
– μπορεί να ζει με την ανάμνηση χωρίς
να ελπίζει την επανάληψη;
– δεν ξέρω
(δεν ξέρω πώς ζουν όταν πενθούν εκείνους που πολύ αγαπούσαν
παρόλα αυτά συνήθως κρατάνε αντέχουν
βαστάνε ενώ είχαν νομίσει πως δεν γίνεται
δεν θα μπορέσουν να ζήσουν
χωρίς τον άλλο χωρίς Αυτόν αλλά η ζωή
άλλα σκαρώνει ποτέ δε λέει ο χρόνος το ίδιο παραμύθι
το σώμα πλέκει στην ψυχή αντιστέκεται
για να ξεχάσει
θυμάται να συνεχίζει να ζει)

(Nostos I)

for mom

– can one live with memories?
– one can
– can one live with memories without
wishing for a recurrence?
– I don't know
(I don't know how they do it those who grieve the loss of ones they
 truly loved
but nearly always they find a way
to bear it even when it seems impossible
or they couldn't survive
without the other without him but life
plays other tricks time never repeats itself
the body knits to the soul resists
in order to forget
it remembers to continue to live)

(*Νόστος II*)

για πολύ καιρό τώρα το βάρος μου αισθάνομαι
πώς μπορώ να ελαφρύνω δεν ξέρω
η καρδιά έχει πλέον κατέβει χαμηλά στην κοιλιά
το κεφάλι είναι άδειο
πώς μπορώ στο κεφάλι την καρδιά να ανεβάσω δεν ξέρω
επιπροσθέτως έρχεται χειμώνας
το κεφάλι είναι άδειο η καρδιά χαμηλά
το φως είναι κίτρινο η θάλασσα ήρεμη
ένα αρμυρίκι γέρνει στο κύμα
ησυχία
στο νερό τσαμαδούρες
ένα αεροπλάνο μακριά σπάει το φράγμα του ήχου
δυο άντρες χτυπούνε στην αποβάθρα χταπόδια
οι ομπρέλες δεν σκιάζουν άλλο από την άμμο
το τελευταίο καλοκαίρι οριστικά τελείωσε
το τελευταίο καλοκαίρι οριστικά τελείωσε

(*Nostos II*)

for a long time now I've noticed the weight
how to lighten it I don't know
by now the heart is so heavy it has sunk down into the abdomen
so the head is empty
how to raise the heart to the head I don't know
then of course there was winter
head empty heart low
the light yellow the sea calm
a tree tilts inside a wave
silence
buoys in the water
in the distance an airplane splits the sound barrier
at the dock two men are beating octopus
and the umbrellas cast shade only on the sand
last summer is finally gone
last summer is finally gone

(Λωτοφάγοι Ι)

> τῶν δ' ὅς τις λωτοῖο φάγοι μελιηδέα καρπόν,
> οὐκέτ' ἀπαγγεῖλαι πάλιν ἤθελεν οὐδὲ νέεσθαι,
> ἀλλ' αὐτοῦ βούλοντο μετ' ἀνδράσι Λωτοφάγοισι
> λωτὸν ἐρεπτόμενοι μενέμεν νόστου τε λαθέσθαι.
> *Οδύσσεια*, 9, 94-97

θα μείνω για πάντα εδώ δίπλα στη θάλασσα
παρά θιν' αλός –
στην γραμμή που αέναα γράφει και σβήνει
το κύμα στη στεριά
θα μυρίζω το νερό
πάνω στο χαλασμένο του μώλου μπετόν
θα εισπνέω το άρωμα των θαλάσσιων χόρτων
λαδοπράσινων βρύων γαντζωμένων στις πέτρες
ο μικρός παφλασμός του κύματος η ευχή
θα σκεπάζει το βλέμμα καλύπτρα του νου
ιδού ο τόπος της προσευχής ο γυρισμός
οι σειρές από ελιές οι ακίνητοι γλάροι
μόνοι στη σκοπιά στου βράχου την άκρη
εδώ η κάμψη στην αιώνια επανάληψη υποταγή
εκεί μες στην κάλμα το δελφίνι να κολυμπά
και ενός τζιτζικιού την τελευταία φωνή
από το δέντρο ν' ακούει

(*Lotus-eaters I*)

> And those who ate the honeyed meat of the lotus
> no longer desired for return, or to bring back news
> but wanted only to remain with the others, the lotus-
> eaters, contented to pluck the fruit, to eat and forget.
> *The Odyssey*, 9, 94-97

I'll stay here forever next to the sea
close to the dunes –
in the line endlessly written and rubbed out
by waves on the shore
I'll breathe in the smell of water
off the pier's decaying concrete
inhale the musk of the seagrass
and oil-green moss snagged on rocks
the small splash the wish of the wave
that closes sight with the veil of the mind
here the place of worship the homecoming
rows of olive trees motionless seagulls
solitary at the watchtower at the rock's edge
here the bend of the eternal recurrence submission
there in the calm the dolphin is swimming
and listening to the last voice
of a cicada up a tree

(*Νόστος ΙΙΙ*)

ελαφρότης ελαφρότης ελαφρότης
όλη η ζωή νοσταλγία ελαφρότητας
ελαφρότης του αέρα την άνοιξη
κάτω από δέντρα ένα μεσημέρι
λέξεις πετάνε ο ήλιος σκιές φως
ελαφρότης των καλοκαιρινών πρωινών
ελαφρότης στην μάχη
όταν τα μέλη του Αχιλλέα τα μέλη
των ηρώων σηκώνονται από μόνα τους
σαν ο θεός να έβαλε φτερά εκεί
όπου η δύναμη δεν χρειάζεται
εκεί
όπου υπάρχει περίσσεια δυνάμεως
η δύναμη στην βούληση δεν οφείλεται
η δύναμη φύεται αβίαστα μέσα
στο σώμα
όταν η πνοή του εαυτού είναι η πνοή
του καιρού που περιβάλλει το σώμα
το χέρι σύρεται πετά στο νερό
το φέρει η βάρκα
κι αυτήν μία άλλη δύναμη την φέρει
της μηχανής ή του αέρα αδιάφορο
ελαφρότης της μύγας ζουζούνισμα

(*Nostos III*)

lightness lightness lightness
life is nostalgia for lightness
lightness of the air in spring
under the trees one afternoon
words glide sun shadows light
lightness of summer mornings
lightness in battle
when the limbs of Achilles the limbs
of heroes rise on their own volition
as though a god had put wings there
where force is unnecessary
there
where there's an abundance of force
force isn't the product of mortal will
but sprouts effortless inside
the body
when the breath of oneself is the breath
of the elements surrounding the body
the hand glides across the water
carried by the boat
which itself is carried by another force
machines or the air we do not care
lightness of the fly susurrating

εντόμου που ακούραστα
τριγυρνά ανεβαίνει κατεβαίνει περπατά
χωρίς βάρος σαν χάδι
ελαφρότης του αέρα την άνοιξη
ούτε κρύος ούτε ζεστός
το σώμα απλώνεται και τον δέχεται
τίποτα δεν ενοχλεί
μόνο χαρά από το άγγιγμά του από το
ανενδοίαστο αγκάλιασμά του
αγκάλιασμα χωρίς πρόθεση χωρίς σκοπό
νοσταλγία ελαφρότητας νοσταλγία
Παραδείσου
ο Παράδεισος λέμε πως είναι
τότε που
όλες οι εποχές ήταν άνοιξη
ο αέρας είχε την θερμοκρασία εκείνη
δεν υπήρχε βαρύτης
δεν χρειάζεται να πετάς
αρκεί να νομίζεις
πως είσαι έξω
σα να είσαι μέσα
πως το σώμα κινείται από μόνο του
δεν υφίσταται κόπο
είναι χαλαρό
τεντωμένο μακρύ
είναι όρθιο ξαπλωτό
τα μάτια κοιτάζουν και βλέπουν
έχουν χαρά με αυτό που βλέπουν
ακούν αυτό που βλέπουν

insect which ceaselessly
wanders rises falls walks
weightless as a caress
lightness of the air in spring
neither cold nor hot
the body expands and accepts
nothing disturbs it
only joy from the touch of
brazenly embracing
embracing without intention without purpose
nostalgia of lightnesses nostalgia
of Paradise
we call it Paradise
when
each of the seasons is spring
the air just such a temperature
with no gravity
you don't need to fly
it's enough to imagine
you are outside
as if you were inside
the body moves on its own
immune to effort
limp
protracted stretched taut
reclining upright
the eyes look and see
are glad from what they see
they listen to what they see

μυρίζουν τον αέρα
ο αέρας αγκαλιάζει
μυρίζει χόρτο θάλασσα
ηχούν τζιτζίκια
καμιά φορά ο αέρας μπορεί να είναι λίγο ζεστός
κι επειδή είναι ζεστός μπορεί να είναι
λίγο πυκνός δηλαδή λίγο ελαφρύς
η ψυχή τανιέται
δεν θυμάται
είναι μέσα στον εαυτό της μέσα στο σώμα της
πάω να περπατήσω και πετώ
είμαι πουλί χωρίς να πετώ
η ανηφόρα είναι κατηφόρα
το αυτοκίνητο τρέχει
από τα παράθυρα μπαίνει το έξω
στρέφω το βλέμμα μου και βλέπω
δύο σπουργίτια
στρέφω το βλέμμα μου ξανά
τα σπουργίτια έχουν πετάξει
δεν γνωρίζω πως υπάρχουν όλα αυτά
τα πουλιά στον ουρανό
το γνωρίζω χωρίς να τα βλέπω
όταν τα δω
δεν είναι πια εκεί
ήμουν κι εγώ εκεί
θέλω να ξαναβρεθώ εκεί
μία πνοή για ένα μικρό δώρο
ένα μικρό τώρα που δεν διαρκεί
θα μείνει θα φύγει θα ξεχαστεί

smell the air
the air embraces
scents of grass of sea
the sound of cicadas
sometimes the air can be a little hot
and because it's hot it can be
a little dense I mean a little light
the soul stretches
can't recall
it is inside itself inside its own body
I try to walk and fly
I am a bird without flying
uphill is downhill
the car sprints
the outside enters through the windows
I turn my gaze and see
two sparrows
I turn my gaze again
the sparrows have flown off
I do not know how all these
birds fit in the sky
I know without needing to see them
when I look
they're no longer there
I was there too
I want to be there again
a breath for a small gift
a small now that does not last
it will stay will leave will be forgotten

(*Ιθάκη Ι*)

στο μακρύ τραπέζι μπροστά
– συνδαιτυμόνες άγνωστοι κρασί
κεφάλι τυλιγμένο –
με δάκρυα ακούω το τραγούδι
ακούω να φεύγεις να γίνεσαι ξένος
εμπρός στην τηλεόραση όνειρο
η γλώσσα σου δεν μου ανήκει
ιστορώντας το στόμα ανοίγοντας
ο ξένος θέλει να επιστραφεί
σεντούκια δώρα φορτωμένος
νύχτα όπως τώρα με καλυμμένα τα μάτια
και οι σύντροφοι θα λάμνουν
και η βάρκα Ύπνος
πριν γίνει πέτρα προσωρινά θα δέσει
στην παραλία
με την πηγή
των μελισσών τους πίθους
τα κοριτσίστικα παιχνίδια
και η σπηλιά
με τις δύο πόρτες
Κλέος και Λήθη
βουβό θα τον δεχθεί
σκεπασμένο στρωσίδια ανάμεσα
στη σιωπή και τη σιωπή

(*Ithaka I*)

in front of the long table
– foreign dinner guests wine
your head shrouded –
listening with tears to the song
I hear you leaving becoming a stranger
a dream I had in front of the TV
your language does not belong to me
telling the story opening your mouth
the stranger wants to be sent back
with chests full of gifts
on a night like this one blindfolded
with a crew pulling at the oars
and the boat Sleep
before turning to stone will tie off
in beachsand
beside the spring
bee jars
the games of little girls
and the grotto
with its two doors
Fame and Forgetting
will accept him without a word
dressed in sheets between
silence and silence

(Λωτοφάγοι ΙΙ)

θα μείνω εδώ στην στροφή του δρόμου στο γύρισμα
του κόλπου στην άκρη του ακρωτηρίου στην κορυφή
του υψηλού βουνού στις ανοιχτές της θάλασσας αγκάλες
στην εκβολή του ποταμού
θα μείνω εδώ
τα μήλα κόκκινα τα αχλάδια ζουμερά οι πάτοι
των παπουτσιών δεν φθείρονται
ξυπόλυτος περπατάς με ρούχα ελαφριά
τέλος καλοκαιριού μα ο χειμώνας δεν έρχεται
μπορείς έξω να κάθεσαι την ώρα που νυχτώνει
αηδόνια ακούγονται τα φώτα ανάβουν
εμπρός στα μεγάλα τραπέζια δείπνα μικρά του δειλινού
με νυχτοπεταλούδες δείπνα μεθυσμένα
το φάρμακο το έφαγες
το φάρμακο ένα λουλούδι
το φάρμακο είναι το φάρμακο
η λήθη
το κάθε στιγμή καινούργια αρχή
είναι δεν ξέρω από πού έρχομαι δεν θέλω να γυρίσω
το φάρμακο
το πάντα τώρα πάντα τώρα

(*Lotus-eaters II*)

I will stay here at the bend of the road at the curve
of the bay at the edge of the cape at the peak
of the high mountain the open arms of the sea
at the mouth of the river
I will stay here
the apples red the pears spilling with juice the tread
of our shoes unworn
you go barefoot in light clothes
at the end of summer but winter does not come
so you sit outside until dark
with the sounds of nightingales the lights coming on
before long tables small dinners of twilight
with night-moths drunken dinners
the medicine eaten
the medicine a flower
the medicine the medicine
forgetting
each moment a new beginning
which is I don't know where I come from I don't want to go back
medicine
it's always right now always right now

(*Ούτις Ι*)

τώρα
σε ένα μικρό χωριό σε ένα βουνό
ψηλότερα από το καμπαναριό
η ράχη της στέγης του βουνού η συνέχεια
ένα άλλο καμπαναριό θυμάσαι
εκείνο το μεγάλο της Παναγίας των Παρισίων
στην στέγη της φωλιάζουν τέρατα
χιλιάδες ώρες μόχθου αιωρούμενων εργατών
σε σκαλωσιές ξύλινες
– άραγε ήταν ξύλινες;
– όλες οι σκαλωσιές του κόσμου είναι από ξύλο
πρώτη ύλη για ανέγερση όπως
η πέτρα όπως το χώμα
όμως το ξύλο είναι σαν το δέντρο το ξύλο είναι
από δέντρο το ξύλο είναι πιο δικό μας λένε όλοι
από την πέτρα και το χώμα
πρέπει το σπίτι να χτίσεις με την σάρκα σου
ακόμα κι αν εσύ
– πάντα αυτό ήταν γνωστό –
πρώτος εσύ θα πεθάνεις και πριν από αυτό εσύ
θα γίνεις χώμα
ο εβραίος θεός από χώμα έχει σκεφτεί να σε φτιάξει
ο έλληνας άλλα εμπνεύστηκε

(Nobody I)

now
in a small village on a mountain
higher than the bell tower
the spine of its roof an extension of the mountain
calls to mind another bell tower
that big one the Notre Dame
with a nest of monsters under its roof
thousands of hours toiling workers hanging
from wooden scaffolds
– were they wooden I wonder?
– all the world's scaffolds are made of wood
raw material for building such as
stone such as dirt
yet wood is like the tree wood is
from the tree wood is more like ourselves they say
than stone than dirt
you must build a house with your own flesh
even if you
– and this was always known –
will die first and turn to dirt
before it does
the Jewish god thought to make you out of dirt
the Greek had other notions

από πέτρης ή από δρυός
οι άνθρωποι από πέτρα οι άνθρωποι από δέντρο
οι άνθρωποι σκαρφαλωμένοι πάνω στο ξύλο του δέντρου
χτίζουν σκαλίζουν την πέτρα και μέσα από την πέτρα
θέλουν να φτιάξουν τις μορφές τις στοιχειωμένες
στα κεφάλια τους
με γλώσσες έξω πόδια ανοιχτά αγκάθια
στο δέρμα καρφιά αντί για νύχια
αφού εκεί οι άνθρωποι τα σκάλισαν
αφού τα χάιδεψαν τα τέρατα
θέλησαν πάλι κάτω να κατέβουν
και τώρα στα καμπαναριά της εκκλησιάς τουρίστες
συνωστίζονται
σε επισκέψεις φωτογραφικές μετά από αναμονής ουρές
εκεί όπου εσύ δεν είχες ανεβεί
γιατί ποτέ να μην ανέβηκες
την πλατεία να δεις από ψηλά την πολιτεία να χαζέψεις
παρά πάλι μέσα στην εκκλησία
μπήκες ξανά και ξανά ψάχνοντας
μέσα απ' τα κόκκινα κεριά τον ήχο του οργάνου τον βαθύ
το κρύο να σε τρυπάει το σκοτάδι τα χρωματιστά γυαλιά
να καταλάβεις
ποιοι είναι αυτοί οι εντόπιοι ποιοι είναι αυτοί οι πιστοί
και τελικά
ποιος είσαι εσύ ο ξένος
αλλά ακόμα δεν γνώριζα εγώ
κάπου μακριά όταν βρέθηκα
ότι πίσω όταν θα είμαι
εκεί από όπου κάποτε απέπλευσα

from stone or from oak
people made from stone people made from tree
people clambering on top of wood from a tree
building carving the stone and from inside the stone
they strive to make the shapes which haunt
their minds
with tongues out legs splayed thorns
on the skin rivets in place of fingernails
after the people had carved them there
after they had caressed them
they wanted to come down again
and now as tourists at the church's bell towers
swarm
on photo excursions after waiting in lines
there where you'd never climbed
why didn't you ever climb up
to see the square from above to view the city
instead of going back into the church
again and again searching
through the red candles the deep pulse of the organ
the cold which pierces you in darkness the multicolored glass
to understand
who are these locals who these believers
and lastly
who are you the stranger
but still I did not know
when I found myself someplace far away
that after I made it back
to the place I'd sailed from

αυτή την ξένη εκκλησία
των ξένων πιστών θα φέρω
μαζί θα κουβαλήσω
ώσπου
η σκάλα της εκκλησίας
που δεν ανέβηκα
να γίνει η δική μου
η ξύλινη σκαλωσιά και το κλιμακοστάσιο και το καμπαναριό
και οι σκαλισμένες στην πέτρα μορφές
οι μαυρισμένες από εκατοντάδων χρόνων
βροχή που πέφτει και πέφτει και πέφτει
να είμαι πλέον εγώ

I would carry this foreign church
of foreign believers
with me I would carry it
until
the church's staircase
never ascended
becomes my own
the wooden scaffold and stairwell and bell tower
and the shapes carved in stone
blackened over centuries
of rain which falls and falls and falls
will be who I am now

(*Αχιλλέας*)

> Οὖτις ἐμοί γ' ὄνομα· Οὖτιν δέ με κικλήσκουσι
> μήτηρ ἠδὲ πατὴρ ἠδ' ἄλλοι πάντες ἑταῖροι.
> *Οδύσσεια*, 9, 336-337

η βάρκα ΟΝΕΙΡΟ πωλείται
το ρυμουλκό ΑΧΙΛΛΕΑΣ την ΣΤΑΡΛΕΤ
κατάματα στο πρόσωπο κοιτάζει
τον ΠΡΙΓΚΗΠΑ ΑΜΠΝΤΟΥΛ ΧΑΖΙΖ
απ' την Ιορδανία
κανείς ποτέ δεν είδε να σαλπάρει
κατάφωτο τις νύχτες
δεμένο όλο το χρόνο το παλάτι
ο βασιλιάς δεν είναι εδώ
εξήντα πέντε άνδρες
φαντάσματα του λιμανιού
κρατούνε μέρα νύχτα πλένουν
αδιάκοπα φροντίζουν το καράβι
και απέναντι εσείς
σας βλέπω σας είδα και σήμερα
δίχτυα μπαλώνετε μες στις μεγάλες ψαρόβαρκες
δέκα στην καθεμία
σήμερα Κυριακή μέρα αργίας πριν την πανσέληνο
κάνετε όπως κι εγώ δουλειές του σπιτιού
σκυμμένοι στα μελιτζανιά εργόχειρά σας

(Achilles)

> Nobody is my name: by Nobody I'm known
> to my mother, father, friends.
> *The Odyssey*, 9, 366-367

the boat DREAM is for sale
the tugboat ACHILLES and the STARLET
facing each other gazing eye-to-eye
the PRINCE ABDUL AZIZ
from Jordan
no one saw put out to sea
with lights blazing at night
the palace tethered all year long
the king is not here
sixty-five men
ghosts of the harbor
govern it day and night washing
endlessly looking after the boat
and you over there
I see you I saw you and also today
mending nets in the big fishing boats
ten to each one
today Sunday day of rest before the full moon
housekeeping like me
bent over your purple needlework

ακούγοντας από τρανζίστορ μουσική
κάθε άνδρας ένα ποτήρι τσάι ένα τρανζίστορ
με βελόνες μπαλώνετε σκυφτοί
με μάτια κόκκινα κομμένα
μελαψοί άνδρες με μάλλινα πουλόβερ
κανείς εδώ δεν τα φοράει
κάτω από συννεφιά βουβοί
και από βροχή
οι άνδρες από την Αφρική
είπαν πως μόνο το νερό γνωρίζουν
μες στο νερό γεννήθηκαν
νερό γλυκό όχι αρμυρό λέω εγώ γυρίζοντας με το ποδήλατο
νερό του Νείλου αιγυπτιακό
και λέω ακόμα
τα χέρια σας σκληρά παγωμένα
από το κρύο της βόρειας για σας χώρας μου
ψαρεύουν τα νερά μας
υπομονετικά μπαλώνοντας κάθε χρονιά
την ώρα περιμένουν
πίσω στην Αφρική να επιστρέψουν
όταν για λίγο το ψάρεμα σταματάει όταν οι ανεμότρατες
έξω τραβιούνται
αποδημητικά πουλιά χελιδόνια
πίσω στο δικό τους νερό
στις δικές τους γυναίκες
στα χωμάτινα σπίτια δίπλα στον ποταμό
αν και τώρα μπορώ να ρωτήσω
ποιος είναι ο τόπος του αποδημούντα
ο Εκεί ή ο Εδώ

listening to music on the transistor radio
each man a glass of tea a transistor
with needles you mend hunched
eyes bloodshot
sable men in wool pull-overs
nobody here wears
mute underneath the overcast sky
and in rain
the men from Africa
said they knew only water
they were born in water
water sweet not salty I say pedaling my bike
water of the Nile Egyptian
and I say also
your hands are frozen solid
from the cold of this northern-to-you country of mine
fishing our waters
mending patiently each year
awaiting the hour
of return to Africa
when for a moment the fishing stops and the sailboats
pull up on shore
migratory birds swallows
back to their own water
their own women
in earthen homes along the river
though now I can ask
which is the land of the migrant
the There or the Here

η προέλευση ή η άφιξη
πώς να υποδυθεί το Όνομα
αυτός που πριν ήταν ο κανείς

the origin or the arrival
how can he embody the Name
who once was nobody

(Λευκοθέα)

ανάμεσα στο να θέλεις να κοιμηθείς
και να παραμείνεις ξύπνιος
ανάμεσα στο να τα πεις όλα
και να παραμείνεις βουβός
στο κατώφλι του ύπνου στη ακμή
την κόψη του κύματος την αναπνοή
καθώς γυρίζει και στρέφεται προς τα μέσα
αφού υψωθεί φουσκώσει υψωθεί
αφού φουσκώσει απλώσει εκταθεί
στο σημείο στιγμή
συνεχώς ανασχηματιζόμενο μεταβαλλόμενο
το λάλο κύμα
πριν ακόμα γυρίσει ανάποδα το μέσα έξω
πάντα μαζί έξω και μέσα
διάφανο ακήρυχτο κραταιό απόλυτο
κύμα
διάφανο ακλόνητο ακήρυχτο ανώνυμο
κύμα
κάθε κύμα το ίδιο κύμα
κάθε κύμα άλλο κύμα
πριν ακόμα γυρίσει ανάποδα το μέσα έξω
πριν στραφεί σαν το κεφάλι
στο προς θανάτωση χταπόδι

(Leukothea)

between wanting to fall asleep
and remaining awake
between telling everything
and remaining wordless
on the threshold of sleep the crest
the edge of the wave the breath
as it turns and pivots inward
after it's lifted inflated lifted
after it's inflated stretched spread out
to the point of time
constantly recalibrating changing
the speaking wave
before it has yet to turn inside out upside down
always both outside and inside
translucent unproclaimed powerful absolute
wave
translucent unyielding unproclaimed anonymous
wave
each wave the same wave
each wave a different wave
before it has yet to turn inside out upside down
before folding like the head
of an octopus when they kill it

ένα τραγούδι λέγοντας το τραγούδι ρόχθος
το τραγούδι θάνατος το τραγούδι έλα μέσα
το τραγούδι σύμπαν
ένα κύμα
ανάμεσα στο ξεδίπλωμα και την περιστροφή
ανάμεσα στο πριν και το μετά
ανάμεσα στη μέρα τη νύχτα το έξω το μέσα το
ξένο το δικό
μία αράχνη υφαίνοντας τον ιστό της
πριν τον τελειώσει αφού τον αρχίσει ξανά
και ξανά οι κινήσεις μαζί με εκκρίσεις
προχωρώντας αναγγέλλοντας
έλευση από πίσω πισώπλατη
ανάμεσα στον ύπνο και την έγερση
πριν το σώμα μετά την ημέρα μετά τον λόγο
στην ακμή του ονείρου

a song which sings the roaring song
the song death the song come inside
the song Universe
a wave
between the unfolding and the rotation
between before and after
between the day the night the outside the inside the
foreign the ours
a spider weaving its web
before it finishes after it starts over again
and again the motions together with secretions
inching along announcing
approaching from behind
between sleep and rising
before the body after the day after the word
at the crest of the dream

(*Θέτις*)

Θέτις
αυτή που τίθεται
ίσως
πάντα αυτή που θέτει
όπως γνωρίζουμε ακόμα αυτή
που αρνήθηκε να τεθεί
στον άνδρα να παραδοθεί
γενόμενη
φωτιά άνεμος νερό
δέντρο όρνιθα τίγρη
γενόμενη
λιοντάρι φίδι σουπιά
ώσπου κάποτε στο ακρωτήριο Σηπιάς ο θνητός
την έθεσε γερά κρατώντας
με σταθερή λαβή την λεία κατέκτησε
και την έφαγε μέσα στον έρωτα
άφησε μόνο το λευκό κόκαλό της
το κόκαλο της σουπιάς στην παραλία
καθαρό πλυμένο από το κύμα
η Θέτις δεν είναι πια εκεί
φυσά μια ντουντούκα από τα βάθη
της θάλασσας
ένα χωνί ένα μεγάλο κοχύλι αντηχεί

(Thetis)

Thetis
the one who is placed
perhaps
always the one who places
also as we know the one
who refused to be assigned
to surrender to a man
becoming
fire wind water
tree chicken tiger
becoming
lion snake cuttlefish
until once on Cape Sepia the mortal
bound her tightly gripping
the prey in an unrelenting grasp and
devoured her in love
leaving behind only her white spine-bone
the bone of a cuttlefish on the beach
washed clean by the wave
Thetis is no longer there
a megaphone blows from the depths
of the sea
a funnel a great conch shell echoes

τα λόγια που λένε
«παρ'όλα τα μελάνια που αμόλησα
ο άνδρας με καταβρόχθισε
εγώ θεά αυτός θνητός»
ο πολεμιστής πάντοτε επιστρέφει νεκρός

words saying
"despite all the ink I sprayed
the man devoured me
me a goddess and he a mortal"
the warrior always returns dead

(*Πηνελόπη I*–am addicted to you)

έχει πάθος με την πισίνα
κάθε μέρα στην πισίνα πάνω-κάτω
την ίδια διαδρομή ξανά και ξανά
η πισίνα την κρατά στη ζωή
το κολύμπι στην πισίνα την συντηρεί
το συνεχές πηγαινέλα
η ρυθμική αναπνοή
ο συντονισμός χεριών ποδιών
με το κεφάλι
μέσα έξω μέσα έξω
στο νερό
το κεφάλι
επαναλαμβανόμενα μπαίνει και βγαίνει
φυσά μέσα ρουφά έξω τον αέρα
οι παύσεις κάθε λίγο στο διάδρομο
τα πλακάκια κάτω από την επιφάνεια μέσα
στο φως
τα ξένα σώματα απειλητικά
με σκουφιά και με πέδιλα
το νερό μες στο χλώριο
ο ουρανός πάνω από κυπαρίσσια
η πισίνα με κρατά στη ζωή
το συνεχές τραγούδι

(*Penelope I*–am addicted to you)

she has a passion for the pool
each day in the pool up and down
the same circuit again and again
the pool keeps her alive
swimming in it sustains her
the continuous back and forth
the rhythmic breathing
synchronicity of the hands and legs
with the head
in out in out
of the water
the head
repeatedly enters and leaves
blows inside sucks in air outside
pauses a bit each time in the lane
tiles underneath the surface under
the light
the bodies of strangers menacing
with caps and flippers
the water suffused with chlorine
the sky over cypress trees
the pool keeps me alive
the continual song

το μέτρημα
ένα δύο τρία τέσσερα πέντε
έξι επτά οκτώ εννιά δεκαπέντε
δεκαεννιά χτυπήματα περιστροφές
το τραγούδι του μετρήματος η επανάληψη απολιθώνει
το τραγούδι της πισίνας με σώζει
με σώζει από τη γνώση πως
δε μ' αγαπά

counting
one two three four five
six seven eight nine fifteen
nineteen blows rotations
the song of counting the repetition
turns you to stone
yet the song of the pool saves
saves me from the knowledge
he does not love me

(*Σειρήνες I*)

οι λέξεις δεν είναι τα πράγματα
οι λέξεις είναι ζωή
πνοή souffle το νησί η βάρκα «εσύ»
εσύ χάρισες εγώ πήρα
εσύ πήρες εγώ χάρισα
η αιωρούμενη βάρκα όπως το φως
απ' το ταβάνι
βουτήξαμε από κάτω
ξαπλώσαμε κοιμηθήκαμε
μέσα
έβαλα το πόδι στο νερό να το σχίσω
ενώ η βάρκα έτρεχε
ψάρεψα και δεν έπιασα τίποτα
ψάρεψα και έπιασα ψάρια
διαμονές πλεύσεις της θάλασσας γέλια
rites de passage

(Sirens I)

words are not things
words are living
breath *souffle* boat island "you"
you gave away I took
you took I gave away
the boat hangs like the light
from the ceiling
we dived under
lay down and slept
inside
I dipped my foot to tear the water
while the boat was running
I cast out and caught nothing
I cast out and caught fish
overnight stays sailing sea laughter
rites of passage

(*Κίρκη I*)

για την Barbara Köhler

Κίρκης δ' ἔνδον ἄκουον ἀειδούσης ὀπὶ καλῇ,
ἱστὸν ἐποιχομένης μέγαν ἄμβροτον, οἷα θεάων
λεπτά τε καὶ χαρίεντα καὶ ἀγλαὰ ἔργα πέλονται.
Οδύσσεια, 10, 221-223

στην μακριά αυτή πορεία
όπου η βάρκα σκιρτούσε στο νερό
όταν είχες βρει νόμιζες τον δικό σου προορισμό
πως έπεσες δεν είχες καταλάβει
στης μάγισσας τον αόρατο ιστό
έπλεκε και έπλεκε η μάγισσα
υφαίνοντας τραγουδούσε με την φωνή
καθώς από μακριά
γοητευμένος
και γοητευμένη
ξετύλιγες τον δρόμο της συναντήσεως
και η συνάντηση είναι βεβαίως αιφνίδια
τα πρόσωπα αλλοπαρμένα
αν και γύρω ο τόπος βρίθει αγρίων ζώων
των μεταμορφωμένων συντρόφων δηλαδή εμένα του ίδιου
ο σύντροφος είσαι εσύ
τα πάθη του δεν είναι παρά τα προηγούμενα
ή τα επόμενα δικά σου

(Circe I)

> *for Barbara Köhler*

> ...and from within they heard the sweet voice of Circe
> singing as she wove her immortal web, such handiwork,
> so finely woven and delicate, a wonder even to the gods.
> *The Odyssey*, 10, 221-223

on this long voyage
where the boat skips on the water
after you thought you'd found your destination
you didn't realize you'd fallen
into the invisible web of the sorceress
the sorceress braiding and braiding
and singing as she braids with the voice
while from far away
mesmerizing
you unspooled the path of meeting
and the meeting is of course immediate
faces bewildered
though the place teems with wild animals
the transfigured companions that is to say myself
you are the companion
whose passions are but previous passions
or those to come
you imagine that your boat is leaping

νομίζεις πως η βάρκα σου αναπηδά
εκστατικά τινάζεσαι στο ωραίο σκαρί
 αλλά από τον βυθό σου γνέφουν οι πνιγμένοι
αυτοί που δεν βλέπεις παρά στα όνειρα
σε εφιάλτες καταβάσεων
σου γνέφουν παίρνουν την μορφή
παίρνουν ακόμα την φωνή
γυναικών
αλλά είναι αυτοί και είσαι εσύ αυτοί
είναι αυτοί ψάρια και είναι αυτοί το γέρμα του ήλιου
και είναι αυτοί το γέλιο του και η ανατολή του
και είναι αυτοί κάθε μορφή που συναντάς
άγγελος λέξεων
ξένος άγγελος και δικός σου
ενώ η βάρκα προχωρά προς του νέου ερωμένου
το σπίτι
χαρά και ευτυχία γεμίζοντας
το στήθος
έχεις σαγηνευθεί απ' την φωνή
αυτή θα σε εκτοπίσει εκμηδενίσει εξορίσει
δεν θα σου αφήσει παρά μόνο
την ελπίδα στο βάθος του πίθου
καθώς τη νύχτα θα γυρνάς και θα γυρνάς
ξεκολλώντας το βλέμμα από την μυρωδιά της
την ελπίδα πως ό,τι συνέβη δεν είναι
μαζί με τα ναυάγια και τα λείψανα
παρά αόρατες πράξεις μίας φαντασίας
όπως οι μάχες και τα ταξίδια
και οι πάντα νέες αλλόκοτες συναντήσεις

darting ecstatically in the beautiful vessel
yet from the depths the drowned beckon you
those seen only in dreams
in nightmares of descending
beckon you they take the shape
and even the voice
of women
but it is they and you are they also
they are the fish and they are the setting sun
and they are its laughter and its dawn
and they are each shape you meet
messenger of words
foreign messenger and your own
as the boat moves towards the new lover's house
joy and happiness filling
the breast
ensnared by the voice
it will dislodge obliterate banish you
it will leave you nothing except
the hope at the bottom of a jar
as at night you return again and again
ungluing your gaze from her scent
the hope that whatever rises
the shipwrecks and the debris are just
the invisible doings of an imagination
like battles and journeys
and the always new extraordinary encounters

(*Πηλέας*)

Πηλέας
ρυμουλκό στο λιμάνι
κάτω από το όρος Πήλιο
αυτός από πηλό
θνητός
Πηλέας
ψησταριά στις Πινακάτες
σερβίρει αγριογούρουνο
αρνείται στην θεά να μετατρέψει
σάρκα χώμα σε κάρβουνο φωτιά
τον θνητό γιό σε αθάνατο
αρνείται το Πυρ ο Πηλέας
από φθόνο
φονεύς αδελφού φυγάς αφού κόψει
τις γλώσσες
να μετρούν των θηραμάτων τον αριθμό
τις ώρες του ύπνου θα περάσει στο βουνό
με όνειρα σχισμές Κενταύρων οπλές
κυκλωμένος θα ξυπνήσει
ευθύς τον φράχτη θα πηδήξει
από ψηλά να ατενίσει
βουνά θάλασσες νησιά
ακουμπώντας τα δάχτυλα στο πιάνο

(*Peleus*)

Peleus
tugboat at harbor
beneath Mount Pelion
he is made of clay
a mortal
Peleus
a smokehouse in Pinakates
serves wild boar
he denies the goddess her transformation
from flesh dirt to ember flame
the mortal son to immortal
Peleus himself refuses Fire
out of envy
a brother-killer a fugitive after cutting out
the tongues
of the prey in order to count them
spends his sleeping hours on the mountain
dreaming of the grooved hooves of Centaurs
he'll wake up surrounded
he'll leap the fence at once
and look down from above
mountains seas islands
brushing his fingers across piano keys

ευτυχής να αναφωνήσει
«δεν είμαι μόνος
στην ταβέρνα οι άνδρες εν χορώ
πίνουμε και βροντερά τραγουδούμε
για σένα ζωή
οι γυναίκες θεές
μουρμουρίζουν μετρώντας τις θηλιές»

happy to cry out
"I'm not alone
in the tavern men in chorus
are drinking and booming out songs
for you life
the women goddesses
murmur counting stitches"

(*Πηνελόπη ΙΙ*)

η ζωή μίας γυναίκας έχει ζωή
όμως θεοί εσείς το ξέρετε
ποτέ τον χρόνο
η γυναίκα δεν ξεχνά
τον πόλεμό της
τον ανταλλάσσει με μία στιγμή μπροστά
στο κύμα τον ανταλλάσσει με μία στιγμή μέσα
στο κύμα ανταλλάσσει τον χρόνο με υφάσματα
στολίδια τραγούδι
κάθε γυναίκα είναι υφάντρια
τραγουδίστρια
αλλά αίφνης το κύμα την ξεβράζει
στην ακτή
γυμνή
χωρίς στολίδια δίχως όπλα δίχως φωνή
κι ευτυχώς τότε
πρέπει να επιστρέψει
έχει να μαγειρέψει

(Penelope II)

the life of a woman has life
but you gods already knew that
a woman does not forget
her own war but exchanges
time for the moment just before
the wave she exchanges it for the moment inside
the wave she exchanges time for fabrics
ornaments song
each woman is a weaver
songstress
but out of nowhere the wave washes her up
onshore
naked
with no ornaments no weapons no voice
but fortunately just then
she has to get back
she has cooking to do

(*Φαιακία*)

φτάνοντας στην ακτή
σμήνος κόρες με γέλια
τον ναυαγό υποδέχεται
τον οδηγεί
στην πόλη από την εξοχή
περνώντας από κυπαρίσσια
όρθιες λόγχες
δεν σε αγγίζουν
πλένεσαι στο ποτάμι
το άγριο δέρμα σου αλείφεται με λάδι
μέσα στον κάμπο ακούς την ηχώ του θερίσματος
χωράφια φορτωμένα σπαρτά τρέχουνε
δίπλα στο φορτηγό σου
η σοδειά φέτος και πέρυσι και πάντα
ήταν καλή
μετά τον ερχομό σου
το εύφορο χωράφι θα αφανιστεί
ανάσες χλιαρές ρυθμικές
μέχρι την πόλη σε σπρώχνουν
σε ακουμπούν στην πλατεία
προτού πετώντας
οι νυχτερίδες επιστρέψουν
στο πέτρινο σπίτι τους

(Phaeakia)

arriving at the shore
a flock of laughing girls
greet the shipwrecked
lead him
to town through the countryside
passing cypress trees
like upright spears
out of reach
you bathe in the river
feral skin anointed with oil
from the plain you hear the echo of scythes
fields brimming with crops stream past
your truck
the harvest this year and last year and always
has been good
after your arrival
the abundant field will vanish
lukewarm rhythmic breaths
propel you to the city
touching down in the plaza
before the bats
return flying
to their stone abode

δάπεδο απάτητο στρωμένο περιττώματα
ανάποδα να κρεμαστούν
από τον θόλο της οροφής
ο ξένος έχει ήδη ξεχαστεί
ένας ζητιάνος κουρέλια ντυμένος
ζητώντας φαΐ πάνω στου μετρό την οπή
είμαι εγώ και εσύ

the floor paved in guano untrodden
hanging upside down
from the vaulted roof
the stranger is forgotten already
a beggar dressed in rags
begging food by the air vent of the metro
that's me and you

(Ιθάκη II)

πόθος
πόνος
μετρώ και μετρώ
την ώρα του δείπνου
καθώς στο τραπέζι διανέμονται
φαί τσεκούρια βέλη
εσύ απ' το ηχείο
τραγουδάς
«το δώρο της κλίνης
δεν είναι το δώρο»

(Ithaka II)

passion
pain
I count and count
at dinner
when the table is set out
with food axes arrowheads
and your voice from inside the speakers
sings
"the gift of the bed
is not a gift"

(Κίρκη ΙΙ)

> τοὺς αὐτὴ κατέθελξεν, ἐπεὶ κακὰ φάρμακ᾽ ἔδωκεν.
> *Οδύσσεια*, 10, 213

μέσα στην κατσαρόλα
σκυφτό το κεφάλι
μαγειρεύει
η στήλη ατμού υψώνεται
την βλέπει κανείς στην κορυφή ιστάμενος
σκιάζοντας το βλέμμα με τα χέρια
στήλη ατμού η φωνή της
άλλοτε υφαίνει άλλοτε μαγειρεύει
στήλη ατμού και καπνού
ο καπνός από την εστία
ο ατμός από την κατσαρόλα στην εστία
αρωματικός ατμός από μαντζούνια
όταν τον πίνεις μεταμορφώνεσαι μάγισσα φοβερή
ο χρόνος
φάρμακο φοβερό ο χρόνος
φάρμακο φοβερό η κάθε μέρα
σταλάζει μέσα στο καζάνι
τον ίδιο χυμό
αναλλοίωτο
τον φόβο
αυτού που πρόκειται να έλθει

(*Circe II*)

> ...she bewitched them when she gave them foul medicine.
> *The Odyssey*, 10, 213

inside the pot
head bent over
she cooks
a column of steam rises
you can see it from the peak
shading your eyes with a hand
a column of steam her voice
sometimes she weaves sometimes she cooks
a column of steam and smoke
smoke from the hearth
steam from the pot in the hearth
scented steam of concoctions
that when drunk transform you into a terrifying sorceress
time
time is a terrifying medicine
each day is a terrifying medicine
it drips into the cauldron
the same juice
unaltered
the fear
of him who is certain to come

ξένος χωρίς μάτι
μόνο χέρια
φάρμακο φοβερό ο χρόνος
μαγειρεύεται μαζί με τις φακές
βράζει με την ιερή δάφνη
μαγειρεύεται μες στο νερό
του λουτρού της κουζίνας το νερό
στη λεκάνη το νερό του πλυσίματος
μπροστά από εκείνη
για να χυθεί σε εκείνη
στο αλμυρό πάντοτε νέο καθαρό
νερό της θάλασσας νερό
ο χρόνος σου είναι το μένος της αθάνατης ζωής

the stranger without eyes
only hands
time is a terrifying medicine
it cooks in the lentils
it boils with sacred laurel
it cooks in the same water
as the bathtub the sink the water
from the basin the water for the laundry
in front of the sea
so that you can pour it
on the salty always new pure
water the water of the sea
your time is the savagery of undying life

(*Νέκυια Ι*)

δεν ξέρω γιατί έφυγα τόσο μακριά
δεν ξέρω γιατί πληγώθηκα
βαθιά στην καρδιά
περπάτησα προχώρησα πολύ
ό,τι κι αν έκανα παρασυρόταν
απ' το ρυθμό το νερό
την δύναμη του σώματος
η έλξη από το σώμα σε οδηγεί να δέχεσαι
σε σπρώχνει να φοβάσαι
όλο και πιο πολύ μέσα στον φόβο
φόβος οργή χάρις φόβος οργή
θέλξις απ' των Σειρήνων το τραγούδι
φόβος απώλειας σώματος
φωνής απώλειας φόβος
μαχητικά ελικόπτερα καταδιωκτικά
μέσα στον ουρανό
πετούσαν παίζοντας βιολί
έκλεισαν τα παράθυρα
έχασα πάλι το κλειδί
της επιστροφής μου το πρωί
θέλω να χαιρετήσω
να κλείσει γενναία εν καιρώ
μία γενναία αρχή

(*Nekyia I*)

I do not know why I went so far
I do not know why I was wounded
deeply in the heart
I walked I went out ahead
all that I did was pulled away
by the cadence of water
the force of the body
the lure of the body drives you to allow
drives you to fear
still deeper and deeper into fear
fear rage gratitude rage fear
enthralled by the Sirens' song
fear of the loss of the body
fear of the loss of the voice
drones helicopters fighter jets
in the sky
were flying playing violin
the windows shut
I lost the key again
the morning of my return
I want to greet
to bravely shut in time
a brave start

τα ρόδα ο άνεμος η καρδιά το ποτήρι
"το για πάντα κλειστό σου μάτι"

the roses the wind the heart the glass
 "your forever shut eye"

(*Σειρήνες II*)

ένα νέο αυτοκίνητο μας περιμένει
λα *μάχινα ε μία* έλα να σε πάω
μία βόλτα
έλα να ανεβούμε στο καράβι
το περιβόλι των θαυμάτων
η μία μέρα χωνεύεται στην άλλη
το ένα θαύμα στο επόμενο
έλα να μπούμε στο νερό
στα βαθιά να φιληθούμε
έλα στο αυτοκίνητο κόκκινο καινούργιο
να σε πάω όπου ποτέ λαχτάρησες
θα έρθουν κι άλλα καλοκαίρια
παντού θα είμαι ο οδηγός σου
στον τοίχο μυρμήγκια σειρές θα περπατούν
μες στον κισσό ζουζούνια θα βομβούν
ενώ από την θάλασσα σηκώνεται ψηλώνει
κραταιό το γεμάτο φεγγάρι
θα ανεβαίνουμε
απέναντι στην μαλακή πλαγιά
με τα κουδούνια
τα πρόβατα θα σπρώχνονται
και τώρα παύση
απότομα ο αέρας σταματά

(*Sirens II*)

a new car waits for us
la macchina e mia come let's go
for a ride
come climb aboard
the garden of miracles
one day consumed inside another
one miracle inside the next
come let's go in the water
into the depths to kiss
come into the car red brand new
let's go where you've never dreamed of going
there'll be other summers
everywhere I'll be your driver
on the wall lines of ants will march
insects will drone in the ivy
while rising from the sea ascending
powerful the full moon
we'll be climbing
the soft hillside across
with the bells
the sheep jostling
and now a silence
suddenly the wind stops

μες στο γαλάζιο φως του δειλινού
καμπάνα ηχεί η λέξη στην κοιλάδα
– μοναδική μου λέξη
παρά λίγο να σε ξεχάσω –

in the blue light of dusk
in the valley the word like a bell resounds
– my only word
I'd almost forgotten you –

(*Αδηφάγοι*)

με βιάση οι άνθρωποι τον βίο διάγουν
ζουν συνεχώς μες στην τροφή
καταβροχθίζουνε την μουσική
τον άλλο
το φως του δειλινού
είναι μπροστά και δεν το βλέπω
από ανυπομονησία λαιμαργία καταβροχθίζω
από φόβο
να προλάβω τον χρόνο
τα παιδιά μου πριν μεγαλώσουν
να προφτάσω
να κολυμπήσω να βγω να μαυρίσω
να σε κοιτάξω να σε αγγίξω να σε μυρίσω
να σε ρουφήξω να σε ξεχάσω
να φάω όλα τα ψίχουλα
ώστε λοιπόν τα πουλιά
όπως η ελεημοσύνη
είναι για την αφθονία
μία τελευταία δικαιολογία

(The Ravenous)

people rush through their lives
surrounded constantly by food
they gorge on music
the other
the light of the sunset
is right in front yet I cannot see it
out of gluttony impatience I gorge
out of fear
to catch up to time
to my children before they grow up
to keep up
to go swimming to go out to get a tan
to watch you to touch you to smell you
to guzzle you to forget you
to eat all the crumbs
so that birds
like alms
are more than enough
for one last excuse

(*Απόλογοι III*)

για τον Δημήτρη

να καθαρίσω δύο πατατούλες ν' ανασκουμπωθώ
μπροστά στον νεροχύτη
δύο πατατούλες τα φλούδια στη σακούλα
η πλάτη σου έχει στραβώσει
προφταίνεις δεν προφταίνεις
ο χρόνος σε προλαβαίνει
τραβήξαμε την βάρκα μισή στη στεριά
μισή ακόμα στο νερό
τραβήξαμε κι άλλο να σφηνώσει
και στα χαλίκια να πακτωθεί
η ζέστη του νέου καλοκαιριού
στεγνώνει το δέρμα
ο γιος ο φίλος εγώ αυτός
θα περπατούσαμε κατόπιν παρά θιν' αλός
μύριζε νόμισα ψάρι τηγανιτό
ο ήλιος ακίνητος στον ορίζοντα
η θάλασσα λάδι το μεσημέρι
ένα αεράκι από μέσα παρ' όλα αυτά
αλλάζει την του θέρους εικόνα
φέρνει δροσιά από μακριά
τα όνειρα κουβαλά τα τωρινά
τα προηγούμενα και τώρα ξεχασμένα
με φως τα πρόσωπα μπορεί και καθαρίζει

(*Episode III*)

for Dimitri

let me peel two potatoes let me roll up my sleeves
in front of the sink
two potatoes the skins in a bag
your back's become crooked
whether you hurry or not
time catches up with you
dragging the boat half ashore
half still in the water
dragging it further up so it stays
anchored in pebbles
the heat of new summer
dries the skin
the son the friend me him
and afterwards we walked along the shore
I thought I smelled frying fish
the motionless sun on the horizon
the sea at midday like olive oil
yet a breeze rising further inland
alters the image of summer
draws freshness from a distance
carries dreams the current ones
with the old and now forgotten
absolves the face with light

όπως εσύ στο νεροχύτη τις πατάτες
κρεμμύδια πατάτες καρότα σκουπίδια
σαρκώδη χείλια δόντια λευκά
τα τρένα πηγαινοέρχονται ξανά και ξανά

like you rinsing potatoes at the sink
onions potatoes carrots trash
fleshy lips white teeth
the trains come and go again and again

(*Νόστος V*)

είμαι εδώ ξαπλωτή
στο παράθυρο μπροστά
απλωμένη στο κρεβάτι
τα μάτια κλειστά
ξαφνικά δε με νοιάζει
αν αυτός με αγαπά
ξαφνικά είμαι αλλού
όπως κάποτε παλιά
πόδια στην άμμο
ένα πουλί στο φως πετά
πόδια στην άμμο
καλαμωτή ψαθιά
άλλου όνειρο παλιό όνειρο από άλλο εαυτό
άλλη εποχή άλλοτε
άλλη εγώ
άλλος εσύ ο αέρας φυσά στην ψυχή
κοντά μες στο νερό
ένα ζεστό του Σεπτεμβρίου
περασμένο δειλινό
μετά από δροσερό
του Αυγούστου πρωινό
δεν είμαι πια εδώ

(*Nostos V*)

I'm here lying down
in front of the window
sprawled out upon the bed
eyes closed
suddenly I do not care
if he loves me
suddenly I'm somewhere else
like one time long ago
feet in the sand
a bird flying in the light
feet in the sand
a mat of reeds
someone else's dream old dream of another self
another time long ago
another I
another you a wind blows in the soul
nearby in the water
a September heat
last evening
after a cool
August morning
I'm not here anymore

(*Πηνελόπη III*)

για την Ελεονώρα

λατρεύει τα παιδιά της
όταν ήταν μικρά από το πιάτο
τελείωνε αυτή το φαγητό τους
ακόμα τρώει τα υπολείμματα
και τώρα πλέον
φορά τα ρούχα της κόρης της από εκείνη ψηλότερης
όταν τα έχει βρωμίσει και στο καλάθι τα αφήνει για πλύσιμο
φορά τα καλτσάκια
και πάει μ' αυτά στη δουλειά
τα λερωμένα δανείζεται
άραγε κάνει οικονομία στις πλύσεις ή
το φυλαχτό είναι ενεργό
μονάχα
όταν κρατά από το σώμα
το πιο δικό μας
ίχνος
των εκκρίσεων την μυρωδιά;

(*Penelope III*)

for Eleonora

she worships her children
when they were little she'd take their plates
and finish their food
even now she eats the leftovers
and also
she puts on the clothes of her daughter who's taller than her
when they're soiled and left out in the basket for washing
she puts on the socks
and goes in them to work
she borrows the dirty clothes
perhaps she's trying to save money on the laundry
or does the charm work
only if
it retains from the body
the strongest
traces
of our secreted smells?

(*Νόστος VI*)

ο γλάρος τα μέτρησε τα φτερά σου
η θάλασσα σε καλεί
μα δεν τη θέλεις
σε πονάει
το μέγεθός της

(Nostos VI)

the seagull takes the measurement of your wings
the sea calls you
but you do not want it
you ache
at its magnitude

(*Απόλογοι IV*)

συναντηθήκαμε σε ένα δωμάτιο
ένα κύμα έκλεισε την πόρτα
τα μάτια σου ήταν γαλάζια
μετά πράσινα
μετά κίτρινα
μετά καστανά
όχι – συναντηθήκαμε έξω
τα πεύκα θρόιζαν
μεσημέρι
όχι – συναντηθήκαμε
μέσα στη νύχτα
η νύχτα μας ξυπνάει
ο ήλιος μας παρηγορεί

(*Episode IV*)

we met inside a room
a wave shut the door
your eyes were blue
then green
yellow
hazel
no – we met outside
there was a rustle of pines
it was noon
no – we met
at night
night wakes us
our consolation is the sun

(*Νόστος VII*)

περπατάμε
όλα γύρω είναι αρχαία
οι πέτρες
η θάλασσα ο αέρας ο ήλιος
το ποτάμι – χωρίς νερό
το ποτάμι – με νερό
είναι παλιό το ποτάμι
οι λυγαριές τα δέντρα
τα πρόβατα με τα γαλάζια μάτια
εμείς
η κοιλιά σου τα χέρια σου
τα μάτια σου η φωνή σου
ενώ το φεγγάρι
από τη θάλασσα σηκώνεται
ξανά και πάλι για μυριοστή φορά
βλέπει ο θεός από ψηλά
δύο πρωτόπλαστους

(*Nostos VII*)

we are walking
all that surrounds us is ancient
the stones
the sea the air the sun
the river – without water
the river – with water
the river is old
the reeds the trees
the sheep with blue eyes
us
your stomach your hands
your eyes your voice
as the moon
rises from the sea
again and again for the millionth time
the god watches overhead
two first creations

(Γέρας ή Πάτροκλος Ι)

όλοι οι άνθρωποι θέλουν πάνω από όλα σεβασμό και τιμή
για αυτό που είναι για αυτό που αξίζουν
αξίζω τιμή δεν θα την ζητιανέψω από εσένα
είπε ο αχιλλέας στον αγαμέμνονα όταν του πήρε το γέρας
το τιμητικό δώρο του
είπε επίσης στον οδυσσέα:
την εξουσία έχει αυτός αλλά
των αχαιών ο καλύτερος είμαι εγώ
ας μη νομίσει πως θα σκύψω το κεφάλι
το είπε βέβαια ο αχιλλέας την πρώτη
την μοναδική φορά που ο άρχοντας
του πήρε την τιμή του
και θάνατος
τόσο βαρύ
ήταν το τίμημα
εγώ ήδη δέχτηκα αφαιρέσεις τιμών πολλαπλές
δημόσια τιμή
προς ερωμένη δεν αρμόζει
είπες σου κάνω χάρη άκου
ένα μεσημέρι
σήμερα
σε περίμενα
και εγώ ο πάτροκλος

(*Gift or Patroklos I*)

everyone wants above all respect and honor
for what they are for what they deserve
I deserve honor I will not beg it from you
said Achilles to Agamemnon when he took back his Geras
his honorary gift
he said also to Odysseus:
he's the one with authority but
I'm the better Achaean
don't think for a moment I'll bow my head
naturally Achilles said that the first
and only time that general
took from him his honor
and death
as heavy as that
was the price
I've suffered losses to my honor so many times already
public honor
not befitting a mistress
you said listen I'm doing you a favor
one afternoon
today
I was waiting for you
and I Patroklos

σου μιλώ και σου λέω
είσαι ανηλεής εσένα η θέτις δεν είναι μητέρα σου
από μέσα από τη θάλασσα κι από μέσα από τα βράχια
που σε γέννησαν
αχιλλέα
έλα να φας μια σουπιά
στο τραπέζι μας
αλλά μετά θέλω να με γαμήσεις όπως μου αξίζει

I'm speaking to you and I tell you
that you are ruthless Thetis is not your mother
from the sea and from the rocks
that gave birth to you
Achilles
come and eat a cuttlefish
at our table
but then I want you to fuck me the way I deserve

(Πηνελόπη IV)

αν δεν υπήρχαν γηρατειά δεν θα φοβόταν να σε χάσει
δεν είναι τόσο φοβερός του άλλου ο χαμός
όσο των πάντων ο αφανισμός η μοναξιά
και πάλι ψεύδεται
όλα κανείς βεβαίως τα παίρνει απόφαση
σιγά σιγά μαθαίνει
πως οι στιγμές αλλάζουν
η απώλεια της ένωσης υπάρχει εξαρχής
μέσα στην ένωση
του άλλου η απώλεια στην συνύπαρξη
κανείς δεν είναι ίδιος πριν και τώρα
εσύ εγώ
όχι γιατί ο χρόνος περνά και τίποτε δεν παραμένει
όχι γιατί αέναα το νέο αναζητούμε
αλλά γιατί τότε εσύ
λαχταρούσες εμένα
κι εγώ εσένα
για επίλογος ένα πιάτο φαΐ κρασί και σιωπή

(*Penelope IV*)

if there wasn't old age then she wouldn't be afraid to lose you
losing the other isn't quite as terrible
as utter annihilation and loneliness
is telling lies again
of course one accepts everything
bit by bit he figures out
times change
the loss of union was there from the start
in union itself
loss of the other in coexistence
no one's the same before and now
you I
not because time passes and nothing remains
not because we're always seeking something new
but because then you
desired me
and I you
for epilogue a plate of food wine and silence

(*Πάτροκλος ΙΙ*)

να ακολουθεί η γλώσσα την επιθυμία
ή η επιθυμία από την
γλώσσα να εμπνέεται;
γιατί ο αχιλλέας δεν αποδέχεται γιατί εσύ
φοράς με βιάση τα όπλα του
πάτροκλε γιατί
πρέπει έκτοτε με σπουδή να απαγγέλουμε
ο πόλεμος καθόλου δεν τελειώνει
ένα γεράκι ζυγίζεται στον ουρανό
τα πρόβατα στριμώχνονται
στις μάντρες
δεν άκουσες τα αεροπλάνα
το πλυντήριο ρούχων να γυρίζει ασταμάτητα
και στη φωτιά
τον φορτωμένο από αλλού αέρα
να τραγουδά στην κατσαρόλα
το θυμάρι το θρούμπι το δεντρολίβανο
το χαμομήλι όταν το πάτησαν οι ρόδες

(*Patroklos II*)

is it that language follows longing
or is it longing
that's inspired by language?
because Achilles does not accept because you
once rushed to bear arms
Patroklos because
we must since that time rush to recite
the war does not cease at all
a hawk suspended in the sky
the sheep huddled
in the stockyards
you did not hear the airplanes
the washing machine spinning endlessly
and in the fire
the air laden from elsewhere
and singing in the pot
the thyme the savory rosemary
chamomile after being crushed by wheels

(*Αφροδίτη*)

ήπια κι εγώ
λέμε συχνά τις νύχτες
από ετούτο το ποτήρι σου Αφροδίτη ήπια κρασί
ήπια νερό αλλά
κυρίως αυτό
πικρό φάρμακο της λήθης εσένα πιο συχνά σε πίνουν
οι εραστές του έρωτα οι εραστές του απόλυτου
ακόμα μαδώντας μαργαρίτες με άσπρα στο κεφάλι μαλλιά:
μονόλογος της μαργαρίτας μονότονος
στο *δεν πέφτει πάντα το τελευταίο της απάντησης πέταλο*
– *δεν* – *μ'αγαπά*
σκυφτοί πάνω στο νέο κομμένο λουλούδι
τραβάμε ξανά παραπατώντας δύο δύο με φόρα τα πέταλα
το δρόμο δεν κοιτάμε μόνο τραβάμε
– *δεν* – *μ'αγαπά*
ίσως από την βιάση ένα πέταλο να ξέπεσε
ακόμα κι αν *μ'αγαπά* – *δεν μ'αγαπά*
είπες:
είμαι ακόρεστη αυτή η αγάπη δεν αρκεί
θέλω την άλλη όπως
να δίνεις την καρδιά στα χέρια
στο φως την φωνή σου από μέσα βαθιά
με χώμα όπως

(Aphrodite)

I too have drunk
we often say at night
from this your glass Aphrodite I have drunk wine
drunk water but
mainly this
bitter medicine of oblivion they drink you most often
lovers of eros lovers of the absolute
plucking daisies even after all the hairs have whitened:
monotonous monologue of the daisy
the final petal answering *not*
– *he loves me – not*
bent over the newly cut bloom
stumbling we tear at the petals again two at a time
we do not see the road we keep plucking
– *he loves me – not*
perhaps in the rush a petal must've fallen
but even if *he loves me – he loves me not*
you said:
I am insatiable this love isn't enough
I want the other like when
you offer your heart in your hands
and in the light your voice comes
from deep within the earth like when

βγαίνει στην άκρη λεπτών τεθλασμένων
ριζών χαμομηλιών
συνδέσεων γης με τα λευκά κυνηγημένα γρήγορα
νέφη της ύστερης άνοιξης
πάρε πάρε
πάρε
από μέσα βαθιά ως τον ουρανό είμαι δικός σου
περιμένω εις μάτην ξανά να σου πει
(εις μάτην αφού
αδιάφορα στην παραλία χαζεύει
νέο υλικό για αυνανισμό
στο μακρινό απλησίαστο επιθυμητό
μίας άγνωστης σώμα)
εις μάτην αφού
έχει ξεχάσει από καιρό:
τι σημαίνει το άλγος
να θέλει τόσο την ψυχή σου
όσο και το κορμί σου
για αυτό οι μύθοι είναι μικροί
«ένας θεός πόθησε μία θνητή
την κυνήγησε την συνάντησε την
γάμησε την γκάστρωσε
όταν αυτή τον αγάπησε
εκείνος την ξέχασε»

it presses out the ends of tiny jagged lines
chamomile roots
joinings of the earth with the racing white clouds
of late spring
take take
take
from deep within up to the sky I am yours
waiting in vain again for him to tell you
(in vain because
casually he scans the beach
for fresh masturbation material
the distant unknowable attraction
of an unexplored body)
in vain because
he has long since forgotten:
the ache of wanting
your soul as much
as your body
which is why the myths are short
"a god desired a mortal
he chased her he caught her
he fucked her got her knocked up
then when she fell in love with him
he forgot her"

(*Ορφέας*)

ριγμένη στο τώρα
με την φόρα του χτες και του αύριο τραγουδάς
φωνή
της άνοιξης
τον αέρα τον φορτωμένο μυρωδιές
από αλλού και από εδώ και από αυτό που έρχεται
αυτόν εμείς περιμένουμε καθώς ακούγεται πλησιάζοντας
φορτωμένος αλλά ελαφρύς
όπως ελαφρύ αλλά πλήρες
πετάει και τραγουδάει
το κεφάλι σου
ξεβράζεται στην ακροθαλασσιά με το κύμα
δίνει ρυθμό στους κωπηλάτες
μαζί του τραγουδούν και λάμνουν
ενώ οδηγεί
τα ψάρια στον αφρό τα ψάρια
στα σκοτεινά ερεβώδη του βυθού βάθη
δελφίνια
λιοντάρια ελάφια θηρία του κάμπου
ν' ακούσουν σταματούν
στον ήλιο του απογεύματος
ο γύφτος σβήνει το μεγάφωνο
καστανόχωμα κοκκινόχωμα φωνάζει

(*Orpheus*)

tossed into now
with the momentum of yesterday and tomorrow you sing
voice
of spring
the air laden with fragrances
from elsewhere from here and what's to come
waiting to catch the sound of his approach
laden but light
as light but full
your head
flies and sings
washes up onshore with the waves
marks time for the oarsmen
who sing with him and row
while driving
the fish to foam-level the fish
to the pitch dark of the deep
dolphins
lions deer beasts of the field
listen transfixed
in the afternoon sun
the gypsy shuts off the megaphone
brown-soil red-soil he shouts

χώμα για όλα τα μπαλκόνια
γυρίζει να πουλήσει
καθώς μέσα στο σούρουπο
την δυνατή ζαλιστική ευωδιά του θάμνου «αγγελικούλα»
ο χλιαρός αέρας φέρνει
την δική του αγγελικούλα ευρυδίκη
με το δικό του χώμα αγκαλιασμένη σκέφτεται
και τραγουδάει δίχως ανάπαυλα
γνωρίζει πως όταν σιωπήσει
δεν μπορεί παρά το κεφάλι προς τα πίσω να στρέψει
τα προηγούμενα να κοιτάξει
και να χαθεί
αυτός και αυτή και ο ήλιος της άνοιξης
και το επόμενο ωραιότερο καλοκαίρι

soil for all your balconies
and circles back to sell
while in the dusk
a warm breeze carries
the dizzying fragrance of "angelica" flowers
he thinks of Eurydice his own angelica
lying with his own soil held tightly in his arms
and sings without pause
knowing that when he stops
he won't be able to keep from turning his head
to look on the past
and lose
him and her and the spring sun
and the coming summer most beautiful of them all

(*Ναυσικά Ι*)

>Δήλῳ δή ποτε τοῖον Ἀπόλλωνος παρὰ βωμῷ
>φοίνικος νέον ἔρνος ἀνερχόμενον ἐνόησα
>*Οδύσσεια*, 6, 162-163

ο ιάπωνας μπασό είχε μια μπανανιά
για σπίτι και για όνομα
ο έλληνας φύτεψε μιαν άλλη
στο περιβόλι
χωρίς μεταφυσική
την ήθελε για να ταΐζει το παιδί

ο άλλος έλλην – αχαιός αυτός –
συνάντησε στην ακροποταμιά
στην εκβολή στην θάλασσα μία κόρη φοινικιά
μόνον την φοινικιά της Δήλου ξέρω να ξεπετάγεται από τη γη
ένας βλαστός καθώς εσύ το δέος να μου προξενεί
– έτσι της είπε –
καημένη ναυσικά
ούτε που άγγιξε τα γόνατά σου
τα ωραία λόγια άκουσες μία μοναδική φορά
για να τον χάσεις ύστερα για πάντα
τον πεσμένο στα πόδια σου ικέτη
ιδιοκτήτη φορτηγού
ναυαγισμένου καραβιού

(*Nausicaa I*)

> ...once in Delos near the altar of Apollo I saw such a thing,
> a just-sprouting young shoot of a palm tree
> *The Odyssey*, 6, 162-163

the Japanese poet Basho had a banana tree
for a house and a name
the Greek planted another
in his garden
without metaphysics
he needed to feed his child

another Greek – this one Achaean –
met on a riverbank
near an estuary to the sea a maiden palm tree
I know only the palm tree of Delos sprouting from the earth
a bloom such as you leaves me in awe
– so he told her –
poor Nausicaa
he never even touched your knees
those delicate words heard once
only afterwards to lose forever
this supplicant laying at your feet
the owner
of the sunken cargo ship

ήταν – ποιος άλλος – ο αγαπημένος σου πατέρας
η βέβαιη ώθηση του ξένου στο επέκεινα
από όπου ούτε η βάρκα που τον έπεμψε
ούτε αυτός δεν θα επιστρέψει
γιατί εκείνος προς πέρα εκεί ήταν ο νόστος του
ο νόστος των ανδρών είναι ο προορισμός τους
μακριά από τη ναυσικά
ξέχνα λοιπόν του ξένου τα όλο μέλι λόγια
προς ώρας φάρμακο για την καρδιά
φάρμακο βέλος να ανοίγει πληγή
αφού ποτέ δεν θα επαναληφθεί
η πράξη σφραγίδα το ανεξίτηλο σημάδι
ενώ εσύ ακόμα αναρωτιέσαι αναπολώντας:
καλλίτερα να ήταν που τον γνώρισες;
για τους θνητούς δεν είναι ασπίδα
της ευτυχίας η άγνοια;

it was – who else – your beloved father
who boldly drove the stranger out beyond
from where neither the boat that sent him
nor he would return
because he was going far – to where his longing was
for men longing is their destination
far from Nausicaa
so forget the stranger's honeyed words
a momentary balm for the heart
balm arrow to open the wound
it will never happen again
the stamp of the deed the indelible mark
though you still go on wondering:
was it better to have met him?
couldn't ignorance of happiness be
a mortal's shield?

(*Ναυσικά ΙΙ*)

τι λόγια μου ψιθύριζες
από το βάθος της κοιλιάς σου
ψεύτικα
με τι φωνή
τι λάμψη θέρμη έβγαζαν
τα μάτια τα χέρια σου
έπρεπε τότε να είχα καεί
να είχα αφήσει πίσω μόνο
την μυρωδιά μου
πάνω στα πράγματα πάνω στις λέξεις
στην μουσική του ορίζοντα της γης περιστρεφόμενης
νύχτα και μέρα
νύχτα και μέρα
γύρω από την ακίνητη στήλη άξονα
«σ'αγαπώ – για πάντα – δικός σου»

(*Nausicaa II*)

what words did you whisper
from the floor of your navel
falsely
and the voice
and the glint of heat
from your eyes and hands
I should have been burned
I should have left behind only
my smell
on the things and words
on the sound of the Earth spinning
night and day
night and day
on the axis of its solitary column
"I love you – forever – yours"

(Πηνελόπη V)

όταν γεννιέται ένα παιδί
η τρυφερότητα ρέει
όπως το γάλα απ' τις ρόγες
ο ουρανός καθαρός
όπως τα μάτια του που θολά βλέπουν
γεννιέται μεγάλο μέσα στο τόσο μικρό
ανοιχτό και κλειστό
κάθε νεογέννητο ο Δίας στο άντρο του
θηλάζει απ' την κατσίκα το γάλα
ανίσχυρο και για αυτό
δυνατότερο όλων
έτοιμο
έχει στα χέρια του τον κόσμο
ξύπνησα μέσα στη νύχτα
να μουρμουρίσω την αγάπη μου για αυτό
τον αγώνα τη δύναμή του για ζωή
τις κάλτσες τα ρούχα του
την δική μας ανίκητη μυρωδιά
τον ήσυχο ύπνο του
ένα απέραντο δώρο έπεσε πάλι από τα αστέρια

(Penelope V)

when a child is born
tenderness flows
like milk from the nipples
the sky clear
as its eyes that see clouded
something large born in something so small
open and closed
each newborn a Zeus in his grotto
suckling milk from the goat
powerless and therefore
mightiest of all
ready
in its hands the entire world
I woke in the night
to whisper my love for it
its struggle its strength for life
its socks its clothes
our own invincible scent
its quiet sleep
again a boundless gift has fallen from the stars

(*Ερμής*)

> πολλὰ δ᾽ ὄρη σκιόεντα καὶ αὐλῶνας κελαδεινοὺς
> καὶ πεδί᾽ ἀνθεμόεντα διήλασε κύδιμος Ἑρμῆς.
> *Ομηρικός Ύμνος στον Ερμή*, 94-95

μ' έβλεπες άραγε
στο πέλαγος να κολυμπώ
από ψηλά
στον ουρανό όταν πετούσες;

έβγαλες τα σανδάλια και φόρεσες ψαθιά
από θαλασσινά αρμυρίκια
κάτω από της Πιερίας τα βουνά
να μπερδέψεις τα ίχνη σου βρέφος
ίχνη κλοπής και τραγουδιού
ως το ποτάμι του Αλφειού
έσυρες το κοπάδι με τις ανάποδες οπλές
τα βόδια τα κλεμμένα γραφείς των εδαφών
μεζέδες να χορταίνει το τραπέζι κτήσεις θεών και ποιητών
στα αθέριστα χωράφια και τις βουνοπλαγιές
αλλά σε είδαν
καθώς κουτρουβαλούσες
από το αεροπλάνο οι θεοί
σβησμένα αλλότρια γράμματα
μέσα σε σκίνα αγράμπελες τις μυρωδιές του θέρους

(*Hermes*)

> ...and Hermes led them through the shade of the mountains,
> the reverberating glades and blossoming fields.
> *The Homeric Hymn to Hermes*, 94-95

did you see me I wonder
as I swam in the sea
from above
as you flew in the sky?

you took off your sandals and wore woven leaves
of sea tamarisk
beneath the mountains of Pieria
to throw them off your trail O infant
a trail of theft and song
to the river Alfeios
you drove the herd with backward hooves
the stolen oxen inscribed the ground
tidbits to appease the table the assets of gods and poets
across unreaped fields and mountainsides
but you were spotted
while tumbling
from their airplane the gods
saw your bizarre script
among the scrub the scents of harvest time

ποιήματος αντίδωρα
κλέφτες ποιητές τραγουδιστές χωρίς φαί
οι αγροί ακόμα έχουνε φωνή
γραφή να διαβαστεί από τα ύψη
των βουνών
των ουρανών
βουστροφηδόν των μηχανών

gifts in exchange for poems
thieves poets singers without food
the fields still have a voice
writing to be read from the heights
of the mountains
of the heavens
the winding script of the machines

(*Ευριδίκη*)

     για την Ισαβέλα Μ.

το φαρμάκι της αθανασίας το πάθος τερματίζει
των γυναικών
      Μαρίνα Τσβετάγεβα

σκιάς όναρ
τι μάταιος ο αγώνας
αφού δεν είναι για τη νίκη
αφού αγωνίζεσαι μετά την λήξη και την λήθη
αέναα να διαφυλάξεις
να μην ξεχάσεις ίσως να επαναλάβεις
να κρατήσεις όσο μπορείς να κρατηθείς
ξανά στη θάλασσα να κολυμπήσεις
στον άξονα του κόσμου
στην στιγμή
και στο σημείο
μεταξύ ηλίου δύσης και ανατολής
του φεγγαριού
θέλεις από τον Άδη να επιστρέψεις
εσύ μία θνητή
γύρισα πίσω να κοιτάξω και ήμουν σκόνη
στράφηκα να κοιτάξω και είχα ξεχαστεί
γύρισα πίσω και τα παιδιά μου
μεγάλα πια τα νεαρά φυτά

(*Eurydice*)

for Isabela M.

the poison of immortality brings the passion of women
to a close

Marina Tsvetaeva

shadow dream
how pointless this struggle
since it's not about victory
since you struggle beyond expiration and oblivion
perpetually to protect
to not forget perhaps to repeat
to hold for as long as you can hold on
to swim in the sea again
at the axis of the world
at the moment
and the point
between the setting of the sun
and the rising of the moon
you want to go back from Hades
you a mortal
I turned back to look and I was dust
I turned to look and I had been forgotten
I turned back and my children
big now the young plants

είχαν σαν δυο βλαστοί ξεπεταχτεί
ενώ
εκείνα που δεν γέννησα
αμετάκλητα ποτέ
δεν θα υπάρξουν
καθώς αργοπεθαίνει κάθε ένα καλοκαίρι
ο εαυτός σου
στον καθρέφτη πλέον ορατός
γίνεται εκείνος
σβήνοντας και αυτός

like two sprouts had shot up
while
those I didn't give birth to
irrevocably never
will not come into being
as slowly fading each and every summer
yourself
only visible now in the mirror
becomes that other
who also fades away

(*Ούτις ΙΙ*)

στην μνήμη του Pierre Vidal-Naquet

ξαναγυρίζοντας μετά από χρόνια
έχοντας πλέον ξεχάσει των δρόμων τα ονόματα
θυμάσαι βέβαια ακόμα τις διαδρομές
το σώμα ξέρει πού να στρίψει πώς να κινηθεί
να βγει στην πρόσοψη του κτίσματος
από τις σκάλες του μετρό τις κυλιόμενες
ο τόπος άδειος
κανείς αγαπημένος
χάθηκε το καρνέ με τα τηλέφωνα
πετάχτηκε κι αυτό με τις μετακομίσεις
βουβά τώρα μετράς νεκρούς μέχρι κι εσύ
ανάμεσά τους να καταγραφείς
βρέχει όπως τότε
σκέφτεσαι πάλι την λερωμένη γραβάτα του Πιέρ
από το μεσημεριανό
στον δρόμο για το μάθημα το αίτημα για συνοδεία
την είσοδο στην βιβλιοθήκη με το ερώτημα «ποιος»
qui va m'accompagner jusqu'à Jussieu
την σύντομη διαδρομή ως την στάση και μετά στο βαγόνι
κρεμασμένοι από τα χερούλια λίγες λέξεις η επίθεση στο Ιράκ
κι ακόμα θυμάσαι μαζί και γύρω από αυτά
το σκοτάδι τη βροχή την άνευ λόγου μελαγχολία
τις μάταιες βόλτες

(*Nobody II*)

> *in memory of Pierre Vidal-Naquet*

coming back years later
having forgotten the names of the streets
of course you still remember the way
the body knows where to turn how to move
to get to the front of the building
from the stairs of the metro the escalators
the place empty
no beloved
the notebook with its phone numbers lost
thrown out with the rest during the move
quietly now you count the dead until you
are recorded among them
it's raining like it did then
you're thinking again of Pierre's ruined necktie
at lunch
on the way to lessons the request for an escort
at the entrance to the library with the question "who"
qui va m'accompagner jusqu'à Jussieu
the short walk to the station and then to the metro
gripping the handles a few words the assault on Iraq
and you still remember mixed with and surrounding these
the darkness of rain the sadness without cause
the aimless walks

μάταιες οι βόλτες οι χωρίς δίψα
και δίχως ξεδίψασμα
μόνη χαρά τα λόγια με τον Πιέρ
το γέλιο όλο εξυπνάδα με αγάπη οι μπηχτές
στο κόκαλο το μαχαίρι να δει πόσο θ' αντέξεις
γιατί πρέπει να μάθεις πρέπει
να ξέρεις να απαντάς
ποιος είσαι και γιατί
θέλει να σε σκληραγωγήσει και μαζί θέλει να δει
αν όντως εσύ μπορείς αν όντως αυτό
σε σένα είναι αλήθεια
και τώρα
μετά από χρόνια ενώ αυτός έχει φύγει ενώ
μόνη επιστρέφεις ενώ πια έχεις χάσει την συνήθεια
ο τόπος πάλι μετατράπηκε σε ξένο
κι αφού ακόμα
ούτε ο λόγος δεν υπάρχει
ο λόγος είναι οι άνθρωποι
αυτοί που απέφυγες φεύγοντας κι αυτοί που βρήκες
πηγαίνοντας
μπορείς μόνο να θυμηθείς
θραύσματα τόπων γνώριμων και θραύσματα
ασήμαντων στιγμών
αλλά κυρίως τον εαυτό σου
αυτόν τον εαυτό συνομιλώντας με τον Πιερ
αυτόν σκληραίνοντας μέσα στην θέληση
στον τόπο όπου όλο βρέχει
μακριά από θάλασσα
πώς φύτεψες το κουπί στο χώμα

aimless walks with no thirst
and no quenching
only joy this talking with Pierre
laughter filled with intelligence with sarcasm the barbs of love
knife against bone to test how much you can take
because you must learn you must
know how to answer
who you are and why
he wants to toughen you and with it wants to know
if indeed you can if indeed this
is truth to you
and now
years after he's gone away as
alone you return though you've lost the habit
the place has become strange again
and even more
there isn't even a reason
the reason is people
those you avoided leaving and those you found
by going
you can only remember
fragments of familiar places and fragments
of meaningless moments
but most of all yourself
this particular self talking with Pierre
this toughening of volition
in the place where it always rains
far from the sea
how you planted the oar in the earth

πώς αίφνης έμαθες ποιόν λόγο έχεις
να γυρίσεις πίσω
και να τον κουβαλήσεις αυτόν μαζί σου
για να γεννήσεις
και να μπορέσεις
να θάψεις
και να μπορέσεις
πάλι για τελευταία φορά
απ' την αρχή να αγαπήσεις

how suddenly you realized what the reason was
for coming back
and to carry it back with you
in order to give birth
and be able
to bury
and be able
once more for the last time
to love from the beginning

(Έξοδος)

για χρόνια
μέχρι χθες
ήμουν κορίτσι
πέρασε πολλή ζωή ώστε να γίνω γυναίκα
ήταν για μένα δύσκολο να μεγαλώσω
τώρα λέω πως είμαι
γυναίκα και κορίτσι μαζί
τα κατέκτησα πλέον και τα δύο
είναι δικά μου
θα είμαι γριά και μόνο εγώ δεν θα το ξέρω

(*Exodus*)

for years
until yesterday
I was a girl
it took much of my life to become a woman
it was very hard for me to grow up
now I say that I am
woman and girl together
I've won them both
they are mine
I'll be an old woman and I'll be the only one who doesn't know it

ACKNOWLEDGMENTS

Thanks to the editors of the following magazines and journals where versions of these translations first appeared: *Arion*, *Beloit Poetry Journal*, *Columbia Journal*, *Crevice*, *The Stockholm Review*, and *World Literature Today*.

PHOEBE GIANNISI is the author of six books of poetry, including *Homerica* (Kedros, 2009) and *Rhapsodia* (Gutenberg, 2016). Her work focuses on the borders between poetry and performance, theory and representation, and investigates the connections of poetics with body and place. Her performances and installations combine video, audio, and written objects with oral recitation. A 2016 Humanities Fellow of Columbia University, Giannisi is an associate professor at the University of Thessaly.

BRIAN SNEEDEN is the author of the poetry collection *Last City* (Carnegie Mellon University Press, 2018). His poems and translations have appeared in *Asymptote*, *Beloit Poetry Journal*, *Harvard Review*, *TriQuarterly*, *Virginia Quarterly Review*, and other publications, and translations of his poetry have been published in Greek, Albanian, and Serbian. He is the senior editor of *New Poetry in Translation*.

The text of *Homerica* is set in Garamond Premier Pro. Cover image reproduced from a photograph of artwork by Phoebe Giannisi titled *Aigis* (2015). Cover design by Kyle G. Hunter.